AF236617

Martin Ebner / Renate Fuchs / Ralf Wolf

Neunzehn Gedichte

Zeitgenössische Lyrik

Bibliografische Information der Deutschen Nationalbibliothek

Die Deutsche Nationalbibliothek verzeichnet diese Publikation
in der Deutschen Nationalbibliografie; detaillierte bibliografische
Daten sind im Internet über http://dnb.d-nb.de abrufbar.

April 2021

Gestaltung: Ralf Wolf
www.autorenservice.net

Herstellung und Verlag:
BoD – Books on Demand, Norderstedt

ISBN: 978-3-753476-21-6

Martin Ebner | Renate Fuchs | Ralf Wolf

Neunzehn Gedichte

ZEITGENÖSSISCHE LYRIK

Texte und Bilder von

e Martin Ebner

f Renate Fuchs

w Ralf Wolf

Inhalt

Reise, märchenhaft | 7

beziehungs_weise | 35

mal anders betrachtet | 61

Reise, märchenhaft

jeder von uns
hat diesen Platz im Kopf
wo man die Knie beugt
sich vom Boden abdrückt
sich an der Zimmerdecke stößt
und schwebend strampelnd
durch das Fenster hinaus
das Buttermesser noch in der Hand
ein weißes Pferd aus den Wolken
schneidet und durch den Wind
galoppiert der uns den Himmel
um die Ohren bläst

Silbermond ruft
wirft Wolken
Nebelbilder narren
Gedankenstaub rieselt
herunter bis auf
den Seelengrund
schlägt Wurzeln und
wächst hinauf
neue Welten
am Fenstersims
unserer Vergangenheit –
Großvaters Hände
bestellen den Garten

Mir fiel einmal nach Waldeslust
die späte Stunde auf die Füße, und
ich lenkte meine müden Blicke hin zur
Finsterweide, die den Weg zurück

halbierte. Bangen Schrittes
querte ich die Zäunung in das
Schwarzgefilde – ahnungslos,
was mir dort lauern könnte.

Mitten auf der Strecke – hinten
blinzeln schon vereinzelt Häuser –
spüre ich ein Schattenhuschen
mir voraus – ein Lug, ein Trug?

Die kaum begrenzte Weite fängt
das Wühlen an, in Katakomben
ungeahnter Ängste schreckt

mich jedes Rascheln auf und

lässt mich bange spähen: Da,
ein Regen und Bewegen; da,
ein glühend böses Augenpaar
wie nur ein großer Hund, ein Wolf –

mich schaudert schon das Wort,
in Panik stolpern meine Beine
weiter, immer weiter fort, und noch
ein Augenpaar, vielleicht die Meute

auf der Todespirsch und ich als
leichte Beute? Mir versagt die
schreibereite Stimme. Direkt
vor mir macht es unvermittelt ...

... MÄH und nochmals MÄH!
Als meine Wölfe sich in Schafspelz
hüllen, sinke ich vor Lachen leicht
ins nasse Gras.

Auf dem Land

Wenn der Februarnebel frühmorgens
über den Feldern schwebt
und seine Schwaden nur allmählich
die Sicht freigeben,
spüre ich das Kribbeln der Vorfreude
auf einen warmen Sommertag –
mit summenden Bienen
und Kindern am Bachufer

Heute jagen sie Schmetterlingen nach
und morgen den Wünschen ihrer Väter
So vergeht Tag um Tag,
bis jenseits des großen Flusses
Rettung oder Verderben
mindestens Horizonte

Wo sonst die Schwarzbunten grasen
glitzert ein weites Schneefeld
Winzige Kristalle funkeln im Rund
die Natur will uns blenden und
schweigt still für lange fünf Minuten
verweigern wir der Zivilisation
den Gehorsam und versenken
uns ins makellose Weiß –
ganz ohne zu denken
ernten wir Kopffrische rot
der Blick wandert hoch
auf eisbekronten Gipfeln
wohnt gefrorenes Leben
unter wolkenlosem Blau –
scharfkantige Himmelskontur
und aufstrebende Felsenflur
berühren sich zärtlich
nur der Gebirgsadler zieht
dort oben in dünner Luft seine Kreise
unten ein Schneehase reglos –
Furcht vor der Entdeckung
Flucht vor der Gefahr
das Bild wird unruhig
wir müssen jetzt
zurück in den Tag

die Kugel versinkt
im blauen Geflecht
im Brunnen der Frosch

was verloren und wieder
gefunden, Wasserperlen
vor die Säue, ein Strudel

aus Schlamm und Licht
der Frosch im Bett und
auf den Prinzen hoffen

spreiz die Beine, denn Vater sagt
versprochen ist versprochen
und wird nicht .... das Netz

geworfen, eingeholt, hält
die Prinzessin ihr Wort – basta! – und
hofft, dass doch der Wagen bricht

heimlich

Rio Grande Valley

Fahrt durch die Plantagen
Fenster runtergekurbelt
Duft von Zitronenblüten
nachts zirpen schwarze Grillen
vorm Schlafzimmerfenster 96 °F

jede Kakerlake
so lang wie mein Daumen
Ameisen umkreisen das Bett
malen bei offener Tür
Luftfeuchtigkeit 80 %

der mexikanische Hausmeister
„Son bonitas sus pinturas."
der immer lächelt
Flanellhemden trägt
blaue Augen, Worte britisch
ich bin exotisch

Kieselkind

Perchta träumt von Tagen die waren
und denen die kommen
Gedankenkiesel rundgewaschen
im Teich der ungeborenen Seelen
treiben Seerosen über trüben Grund

pralle Bäuche warten
ach, schüttel mich, schüttel mich
wir sind alle reif

wenn alles Gold verronnen
kräuselt der Herzschlag
platzt Pech von der Haut
glüht Heimweh unter der Brust
zum Schlüssel fehlt das Schlüsselloch

den Weg ins Leben nicht gefunden
ach, zieh mich raus, zieh mich raus
ich bin schon längst fertig

wenn Perchta träumt
von Gerechtigkeit
von Faulheit und Fleiß
wer weiß schon, was das ist
welcher Hahn kräht dem schon nach

grenzerfahrung
mit kontrollvermerk
zwangswörterumtausch
währungsübersetzer

wieder diese herz-
frequente neonangst
nicht aufzufallen
ist unmöglich

friedrichstraßenenge
musterblicke zwischen
augen foto hin und her
wer bist du wirklich?

skeptisch stempelt endlich
uniformgebügelte routine
einen weg
hinüber

Stadt – Land – Heimat

Was ist Heimat? Die Stadt als Magnet – das Land für
die Flucht, die Zuflucht. Durchs Venn streifen an einem
kühlen Herbsttag, den Torfduft einatmen, ein Haus in
Raeren bewohnen, mit dem Bike durch die Eifel.
Weite Wege, moderne Dörfler, man kennt sich. Hier
geboren oder zugezogen, für ein Gespräch ist immer Zeit.

Es ist nicht mehr wie früher, als noch jedes Dorf
mindestens drei Bauernhöfe besaß; als noch jedes Kind
den Stallgeruch kannte, die Schwalbennester an der
niedrigen Stalldecke klebten und die Katzen sommers
in den Scheunen ihre Jungen warfen, während wir von
den Strohballen fünf Meter in die Tiefe sprangen. Dann
kamen die Alten und schimpften. Doch es klang so
unendlich liebevoll, dass wir sofort verstanden.

Unwillkürlich denke ich an Kommern: dieses winzige
Stück Erde, wo sie die Zeit eingefroren haben. –
Mir wird klar, dass wir gerade dabei sind, das Kommern
von morgen zu errichten.

am berg verstummen die brüchigen
stimmen im chor der gealterten schwestern
zusammengekehrte gebete faltiger
hände in demut gebeugte knie

von schmerzen kaum noch gehalten die
mauern vergangener tage erlösung ein licht
aus brescias dunkelster zeit verglimmt
im blassgrauen blick zartbitterer augen

eingravierte hoffnung grieser fräuleins
herbstzeitlose bunkermädchen
weggewehtes letztes laub
vom weinberg des herrn

morgen zwitschert
wie ein sonntag
ohne glocken ohne

feier fliegt ein gänse-
pärchen quakend durch
das kaum gestreifte

blau darunter treibt die
trauerweide wieder
zartes grün als ob

als ob ein unbeschwer-
ter frühling in der
mache wäre.

Schneller Abend, wohin willst du
Sieh, ich versuche, dich zu halten
denn ehe man sich's versieht
dämmert der blasse Morgen
und will mich entführen
in die Geschäfte des Tages.
Drum bleib bei mir
und tröste mich noch ein Weilchen
Lass mich nicht allein,
deine Gesellschaft tut gut.
Nimm den Mond in deine Hände
und achte darauf
dass er nicht fällt

So traurig ist die Nacht
wenn nicht der Mond erwacht

w

zirpen zikaden zum mondlicht
in olivengärten ihre serena-
den-soundtracks. worauf

warte ich? da, eine katze durch
das loch im zaun, dann eine
zweite. ihr duett weckt

tote. rendezvous im augen-
blick: frag nicht nach morgen!
meine erste liebe hat so

kalte füße. schau, da glimmt das
nächste augenpaar auf und
davon!

Exil

Warum zieht es mich hierher?
Eben stand ich noch am Rudolfinum, fester Absicht
woanders langzugehen.
Ein Fetzen Deutsch („Wie heißt das Gebäude?")
und meine Beine gehorchen nicht mehr.
Einmal rechts und um mich schwärmt's, drängelt's,
blitzt's. Ich kenn die Antwort. Aber unter Wanderfischen
gibt's keine Freundschaft.
Sie sind Touristen, immun gegen dieses Land.
Blind für Bauchladenfallen und Handtaschengrizzlies,
reicht ihr Blick vom Reiseführer bis zum Mauerwerk.
Warum schwimm ich mit dem Strom?
Das Versprechen von Heimat.
Schleich mich als Forelle auf eure Bilder.
Nehmt mich als Digitalpixel mit nach Haus!
Bleib ich doch nur ein Aufblitzen von Schuppen.

In großem Schmerz lasse ich
Dich ziehen in ein fernes Land
Das Ziel heißt Deutschland
Dennoch drückt Sorge mich

Ausführlich hat man mir berichtet
Das mütterliche Gemüt besänftigt
In Deutschland sollst du sicher
Und ruhig schlafen können

Wie wird es dir ergehen
Dort in fremden Städten
Wie wird man dich aufnehmen
Dort bei neuen Freunden

Ich wünsche dir Frieden
Des Herzens und der Seele
Aber auch die Kraft des Geistes
Einzustehen für deine Ideale

Und eines Tages!
Werde ich dich wiedersehen
Wirst du bis dahin
Teheran vermissen?

keine h-milch-höfe keine sprüh-

besahnten fertig-apfelkuchen in den
blassen polaroid-erinnerungen

fehlen mir trotzdem gefühlsrückstände
selbst bei näherem beschnuppern
kaum geruch die worte

klingen heutig lücken sind
ins alte kartenblatt geätzt
und neue schnieke hütten

draufgespachtelt heile-welt
gebäck zerkrümelt beim genauen
hinsehen fehlt der halt - und ja

ich lasse meine letzten anker-
kettenglieder ohne anstrich
einfach weiter rosten

e

Wagnis

In Strebergärten leben wir
wo alles festgeschraubt ist
wo alles seinen Gang geht
und seine Ordnung hat
nur der Wind opponiert

Er bringt Kunde
aus fernen Gegenden
von fremden Gärten
wo die Drachenfrucht wächst
so sorgt er für Unruhe

Die zum Horizont streben
lassen sich locken
auszubrechen
aufzubrechen sie
wagen alles

Alte Mutterzunge neu.
Und alles was ich habe
FREMDWÖRTER
Wortschatz in
Umzugskartons

AMNESTISCHE APHASIE

„Desi..., des..., de... Wenn man denkt,
dass etwas stimmt, das aber schon
lange nicht mehr so ist und dann
kriegt man's doch mit und ist d..., d...
schockiert. So eben."

In der Bewegung stoppen Sie:
"Not very eloquent, is she?"
'simpleton' 'moron' 'nitwit',
'oaf'

"The English word then."
Fuck, can't remember that either!

'Miss Simpleton had aphasia, didn't know what to say...
Whatever she thought, her head just went: eh?'

Passt das nicht?
Dann wirf es weg!
Besaß ich sie einmal?
Vergaß ich etwas?

     Macht nichts.
Ich kann immer ein Neues.

abend hängt mich an die
haltestange schaukelnd zu-
ckelnd (stop & go) zur blauen
stunde. hintergrund-gebrabbel

eines kleinen kindes. andere
bereden lautlos ihre sprach-
aufzeichner, klingeln muezzin-
gesang und filmmusik.

der backsteindämmer draußen
schließt die autoleuchten weg.
und lange fensterreihen flim-
mern sich die nacht zurecht.

die vielen schrillen stimmchen
pausenwildes klingeln dimmen
hinterm dauer-pfeifen langsam
weg. auf suche nach dem

off: ich ahne, wie sich füße jetzt
in gartenoptik strecken ließen.
knappe halbe stunde noch zum
rendezvous mit fledermaus.

Ich habe eine
Idee für eine
Reise – weit
reise ich
zum Universumsrand
wo die Totenseelen
sich verbergen und
ihr Leben leben

beziehungs_weise

Erinnerst du dich
als wir zum Bach gingen
zwischen Augustfeldern?
Wo die Betonröhre unsere Höhle war.
Wie wir versuchten ein Feuer zu machen
mit reifem Stroh und die Ähren kauten?
Und Sonja sagte wir müssten draufpinkeln
damit es brennt.
Also machten wir das.
(Weil sie die Älteste war, die alles wusste.)
Und Michael forderte Dominik
zum Wettpissen heraus.
Der Wetteinsatz: der Platz neben Vater
im Traktor auf der Fahrt nach Hause.
Ihre Rücken zu uns gedreht
sahen wir nur zwei gelbe Bögen.

Liebeskummer

mehr trinken
weniger
wenn du denkst
es geht nicht mehr
ruf einfach an
lass ihn
laufen
leicht
gesagt –
frust
ausschlafen
aus
?

warten auf, was kommt, den
hund begraben haben wir und
drehen zigaretten für danach.

wir sägen an der soll-bruch-
stelle, sitzen auf demselben
ast mit diesem dummen

grinsen einer scheibe kinder-
wurst: fast allen unter dieser
sonne werde morgen noch

ein tag geschenkt. wir greifen
nackt einander in die taschen
schimpfen frech wie spatzen:

*‚eine schwalbe mache keinen
sommer!‘* stecken weiter köpfe
in den sand

Schrift und Donner

Meine erste Woche in Prag
ist schwelende Hitze, fernes
Grollen. Ein schwarzer Himmel,
der sich woanders ergießt.

Ich hab dich im Park getroffen.
Unter dem Baum, der von moos-
grün nach brombeerrot wechselt,
sobald du in die Hände klatschst.

Ich versuche den Moment in
meinem Notizbuch festzuhalten,
aber du senkst die Arme
mit einem verschmitzten Lächeln
und alle Blätter fallen. Meine Worte
allein können sie nicht halten.

Zusammen jagen wir den blauen
Regen. Es ist nicht der Blitz,
der einschlägt, sondern du,
um 3 Uhr morgens bringst du
meine Wolken zum Bersten
und die Seiten bleiben unberührt.

 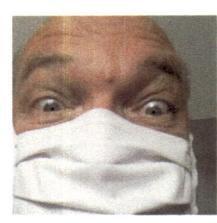 

ich : du

,
,
.

?
!
–

einer der (besseren) tage

wir halten zwiesprache weit unterhalb des äquators

keine schweißtreibende (magmatische) eruption

die kleinen raubtiere kuscheln lieber ungefüttert, so

in der art eines kometen, der nur alle 6000 Jahre

kommt, um seinen schweif mal zu zeigen (alter

angeber!) einmal wird er aus seiner (egozentrischen)

bahn taumeln, um irgendwo einzuschlagen, dass

es nur so knallt und spritzt: ein happening mit

unklarem ausgang: aber keiner der (besseren) tage

e

Aachenherbst

passgenau zwischen
Spätsommer und erstem Frost
zerren die Sturmböen
an Aachener Fassaden
wirbeln auf
den Staub vieler Jahre
manch ein Sandkorn
sah Karl hoch zu Ross
Pause zwischen zwei Feldzügen
auf Besuch bei Frau und Kind
Staub der Geschichte
liegt auf der Domstadt
bedeckt von Herbstblättern
birgt sie nun
Spuren unserer Tage

früher

blühte das gras schöner
vor mir hinter mir über mir
rispen zu sträußen gerafft
finger die im bett noch grün
eckstein eckstein alles muss
nur in hell und dunkel sein
rispen über dem gras nach
himbeeren riecht die kindheit
alles muss versteckt sein
leise wippen die bienen
vergiss die königin nicht
die ei um ei die tage nicht
in stunden teilt zwischen
den grasblüten gilt es nicht
leben geheimnisse
ungezählt weiter
1 2 3 ich komme

Von der Mutter

Kann mich erinnern wie du
an der Maschine gesessen und
akkurat genäht hast immer
wenn Nadeln fielen
nahmst du den Magneten

Vom Vater   *(in memoriam Fritz Müller)*

Ich wusste nichts von Panzern von Krieg spielten wir
mit feuerspeiendem Blechspielzeug du hast uns
nichts gesagt nur gekauft die Gewehre für Kinder nur
der Freund hielt Abstand sein Vater
hatte gewarnt

Lebensreste

I

Autos tauchen wie Wale
durchs wabernde Weiß
kleine Finger stopfen
sich die Zeit in die Münder
zerrt jeder einen anderen
Rockzipfel

Es ist noch früh
Ampeln springen um
der Verkehr zieht langsam an
Gesichter hinter Autoscheiben
mit Nebel im Blick
Schminke wie Klarsichtfolie

II

waschen mit Sonne
an leeren Fontänen
die Parkbank wo Bänker
deine Bettdecke lesen
und den Tag
in den Papierkorb falten

streunst durch Einkaufs-
straßen, suchst abgelegte
Leben bis die Dämmerung
den Stadtpark räumt
bis morgen wieder
die Kinder rennen

III
wenn Noah gekentert wäre
Fische in den Kellern schwämmen
Dachse durch Wohnzimmer streunten
Waschbären die Supermärkte regierten.
Wenn Rehe zwischen Hochhäusern wanderten
als wären es zu groß geratene Bäume
und sich in St Peter und Paul Turm-
falken versammelten mit Straßen-
tauben und dem Heiligen Geist

der Himmel Erdenhemd
umarmt die Berge
schlafende Brust
hebt & senkt in Jahrtausenden

wenn ich ausziehe
mit den Reihern zum See
und mit den Fischen singe

spiegelt die Chance
sich im Nirgendwo
glücklich wehen die leeren
Ärmel auf der Leine

trägt heute keine
meine

Waldbach

Ich bin der Waldbach
du bist die Flut
gespeist vom Regen
besessen von Wut

ich baue Dämme
du reißt sie ein
lass mich jetzt
will ich sein

brichst dich am Flutschutz
zurück auf dich selbst
Tiefwasserdunkel
tosende Welt

Ich bin der Waldbach
du bist die Flut
alleine Naturkraft
zusammen nicht gut

bau meine Dämme
aus bruchfestem Stein
dahinter fließt Wasser
friedlich und mein

trägt Sand zu den Wurzeln
der Waldbach bist du
ich bin der Regen
und du hörst mir zu

bröckeln die Dämme
vergessen im Sein
glitzernde Wellen
das Wasser ist rein

Chinesische Landschaft

*(gewidmet Fan Cheng-Da, einem chinesischen
Poeten des zwölften Jahrhunderts)*

O Hügel von Guilin
was erwartest du von mir

Willst du mich einladen
zum Fest der Claqueure –

Oder schickst du mir einen Umschlag
mit einer Absage

auf dass ich zugrunde gehe
in all meiner Pracht

Nein, das kann nicht sein.

Morgen schon beherbergst du
die große Gesellschaft

Der Prinz und der König
werden darunter sein

Und mich
holst du dazu

Langsam senkt sich Nacht, Flüstern, entspannte Stille

Die Bühne ist frei, Seele baumelt

Das Rotholz der Instrumente verströmt den Duft der Virtuosität

Atemholen vor dem Auftritt

Gitarren an Stuhllehnen, Geigen vibrieren, Trommeln erwachen

Reinhardt trifft Mozart : Symposium der Sinne

*Reinhardt = Dj. Reinhardt (1910–1953), franz. Komponist
und Jazzgitarrist (Manouche-Stil)*

www.youtube.com/watch?v=Bwo6NzL-R5U [2021]

contradictio in persona

trockenlaub
im regenwald,
ein flüstern
wie gebrüll

füllt tiefe nacht
mit hellen tönen
ausgekippter
leere, du

widersprichst
dem widerspruch
beim brechen deiner
unzerbrechlichkeit,

ach, schlag mir
bitte nochmal
ins gesicht mit
deiner liebe!

kommen wir uns selbst ent-
gegen, schwebt

luzid ein bild von aufbruch und
erwartung

fächert sich der strauß an ab-
zweigungen

auf, wo alles nochmal hätte
anders werden

können. wenig wehmut rieselt
aus sekunden-

bruch. blicken wir einander in
die atemzüge

(ein und aus) vergegenwär-
tigen: wir werden

blumen sein und disteln hier
am rundweg

Herbstboote

Fischer warten bis der
Nachmittag vorüberzieht
an Leinen geführt schmiegen
sich zwei Boote in den Sand

die Dünen atmen
ohne dass wir sie hören
die Kiefer dort
hört sie vielleicht

Du bist in Eile
verläufst dich im Fernen
wehst deinem Herzen
voraus wie Laub

fällt es auf nassen Asphalt
Nieselregen und Fischer
verwaschen im Grau
ich beug' mich zu
pulsierender Wärme
Wo waren wir damals

als alles noch neu und
möglich war die Tiefe
das Meer nicht gesehen
eine Wolke in der Zukunft

und dein Gesicht
wie loderndes Feuer
mein Haar windzerzaust
Sagst du: „Nur ein Herz
bräuchte ich wieder."
Und ich geb' dir meins.

Die Liebe

Hast du sie gesehen
wie sie von Tür zu Tür eilt
von Haus zu Haus
von Herz zu Herz

Immer auf der Hut
niemanden zu übergehen
niemanden zu vergessen
niemanden zu verletzen

Sie schmeichelt sich ein
sie drängt sich auf
sie will dich –
sie nervt –
sie lässt nicht locker
sie hat gut zu tun
Langeweile kennt sie nicht

Kaum dass sie des Nachts
Ruhe findet

Sie bettet sich
auf die Rosenblätter
unseres Verlangens

Doch schon bald darauf
erhebt sie sich wieder
mit der Dämmerung der Suchenden

etwas zukunft pachten
für die kinder, dass sie
weicher knallen auf
beton. wir haben

eingezäunt, gepolstert
und begrünt mit zwer-
gen-moos vom wald
doch bald fiel bauch-

gelandetes mit unsern
scheiß-drauf-hymnen
weiter-so-gebeten auf
zu große füße.

hätten wir doch nein ge-
sagt! anstatt zisternen-
dörren, arten-jammern
welten-wimmern

uns zurecht-zu-zimmern!
wären sie gewappnet
für das wenige
das bleibt!

mal anders betrachtet

```
                              i
                              i                     n
                              i                     n
                              i                     n
                              i                     n
                              i                     n
                              i                     n
                              i                     n
                          h   i                     n
                          h   i                     n
                          h   i                     n
      a                   h   i                     n
      a                   h   i                     n
      a                   h   i                     n
      a                   h   i                     n
      a                   h   i                     n
      a                   h   i                     n
      a                   h   i                     n
      a       d           h   i               m     n
      a       d           h   i               m     n   o
      a       d           h   i       l       m     n
      a       d   e       h   i       l       m     n   o
      a       d           h   i       l       m     n   o
      a       d   e       h   i       l       m     n   o
      a       d   e       h   i       l       m     n   o
6     a       d   e       h   i       l       m     n   o
1     a   b   d   e       h   i   k   l       m     n   o
1     a   b   d   e       h   i   k   l       m     n   o
t     a   b   d   e       h   i   k   l       m     n   o
o     a   b   d   e       h   i   k   l       m     n   o
n     a   b   d   e       h   i   k   L       m     n   o
n     a   b   d   e       h   I   k   L       m     n   4x
e     a   b   d   e       h   I   k   L       m     n   O
S     A   B   d   6x      h   I   k   L       m     n   O
```

```
      s
      s
      s
r     s
r     s                    y
r     s                    y
r     s                    x
r     s                    q
r     s                    p
r     s                    p
r     s                    p
r     s                    p
r     s                    p
r     s                    p   .
r     s                    g   .
r     s                    g   .
r     s                    g   .   r
r     s                    g   .   p
r     s                    g   ;   m
r     s   t       v        g   ;   l
r     s           v        g   ,   l
r     s   t       v        f   ,   k
r     s   t       v   w    f   ,   i
r     s   t       v   w    f   ,   i
r     s   t   u   v   w    f   ,   h
r     s   t   u   v   w    f   ,   e
r     s   t   u   v   w    f   ,   e
r     s   t   u   v   w    f   ,   e
r     s   t   u   v   w    c   ,   a
r     s   t   u   v   w    c   ,   a
r     s   t   u   v   W    c   ,   a
r     s   4x  u   v   W    c   ,   W
r     s   T   u   v   W    c   ,   S
```

Blackout Poetry im *Nordwind*
von Daniel Glattauer

ihre roten Markenturnschuhe
scheinbar menschenscheu
schüchtern und doch nicht
zu übersehen unter dem Tisch
die Grenze zwischen ihnen
Emmi mag stumme Helden

und Faschingsfotos, Leo mag
nicht, dass sie verheiratet ist
einmal den linken Ringfinger
in die Unvereinbarkeit des
Dialogs tauchen und Emmi küssen
könnte er tausend Emmis küssen
genau so einen Sex hätte er gerne

aber Emmi kann nicht
mit Heißhunger wie damals
in die Männerwelt ein-
tauchen sie kann das nicht
und so stehen die roten Marken-
schuhe nicht mehr unter dem Tisch

Blickwinkel

I – PRÄPKURS

öffnen Sie den Brustkorb
den Blick aufs Herz
zwischen Lungenflügeln
nur bis zum Zwerchfell schneiden
den Darm heben wir uns für später auf

II – VAN LIESHOUT IM MUSEUM

Herz säuberlich herausgetrennt
aufgebläht zur Zimmergröße
ausgehöhlt und ausgeplüscht
Hauptkammer mit Sitzecke
ein pulmonales Guckfenster
und Klo im linken Vorhof

III - UNIKLINIK

Klick. Klack. Klick. Klack.
Thomas schaut zu wie sein Blut pulsiert
durch Schläuche auf seiner Brust
und auf dem Nachttisch steigt Kohlenstoff
ungesehen hinter grünem Glas

IV – IN MIR

ein Bläschen
das sich im Bauch verschiebt
und nach drei Wochen
ein Sandkorn
mit Herzklopfen

scannen wieder ritzen in der feld-brand-
mauer. frühjahrs-gras vergänseblümt
solarbetrieben

abdingbares bröckelt auf-haltsam
wie angepflockt vor häusern
hocken autos

ich sinne, singe, singuliere
alles schnieft, sagt
Heraklit.

Es war ein langer Tag
neunzig Jahre hielt er an
ich sah Tod und Not
Wiederaufbau und Überfluss
das Leben war Arbeit
die sich lohnte
Nun sitze ich hier
mit gefalteter Haut
und bete zu den Sternen
meine Gedanken
schweifen in die Unendlichkeit
stoßen schnell an Grenzen
ich gehe nach draußen
setze mich und schaue
schaue weit und hoch
mein Herz schwingt
langsam
aus

Nichts Neues

Mitten in dir drin
pocht ein kleines Ding
das Ding ist rot,
rot wie die Liebe, und
birgt die Seelenflamme
auf all deinen Wegen

Rund hundert Seelen sitzen
im Flieger von Palma bis Frankfurt
von Frankfurt bis Köln, hier
ist der Zerstreuungspunkt, ein großes
Seelendurcheinander, ein Fest
der Flammen im Kölner Dom, sie sitzen
in Reih' und Glied, öffnen den Mund, und
die Stille Nacht im Dreivierteltakt
entweicht durch das Richter-Fenster

Es ist wieder Weihnacht
im Westen

I

Sind Sie interessiert?
Und sind Sie auch versiert?
Sie haben nichts kapiert?
Wir sind sehr reserviert ...

II

Die Suppe ist serviert,
der Tisch schon expandiert,
der Braten filetiert
und der Abnehmplan storniert.

III

Ihr Hund hat nicht pariert
und Sie dabei blamiert?
Sie haben ihn kastriert.
Ist kinderlos krepiert ...

IV

Sei lieber kleinkariert
als gar nicht illustriert.

V

Wer hat das da kreiert?
Hat der denn Kunst studiert?
Hat's nicht einmal signiert?
Dann ist das nur geschmiert!

VI

Wer mich nicht publiziert
ist geistig wohl verwirrt.
Weiß nicht, was er verliert.
Ich bin so talentiert!

VII

Sie hat vor ihm plädiert
sich auf das Bett drapiert
Ihn hat's nicht stimuliert
hat Soaps assimiliert.

VIII

Was du nicht aspirierst
wird auch nicht dementiert.

IX

Wenn dich das inspiriert,
dann schnell einmal notiert
und hundertmal kopiert
und danach ignoriert.

X

Wie isses?
So isses.

natur-design

ein lilagrünes murmeltier
springt froh in rechten winkeln,
gestaltet kunstvoll sein revier
und kann pastellgelb pinkeln.

dezemberblues

den letzten monat angeknabbert,
die taschentücher vollgesabbert,
wenn alles trieft und gar nichts läuft,
und weihnachten sich wieder häuft,
dann schleppe ich mich aus dem jahr,
das wieder mal wie bratwurst war.

nachmittags flüchten wir
    in den Wald hinterm Haus
        steigen über abgeknickte Äste
    und umgefallene Stämme achten
nicht darauf wie dreckig unsere
    Jacken werden dass unsere Schuhe
        im Lehm versinken wir gehen weiter
    lassen die Weichheit des Mooses
unseren Kopf leeren folgen den un-
    geschriebenen Linien die nur in uns
        existieren halten uns fest am Labyrinth
    der Blätter am nackten Holz der Zweige
die genau so und nicht anders gebrochen
    sind und genau so bleibt es genau so wo
        kleine Blüten sich unter Blättern verstecken
        weil hier nicht ständig einer kommt und
    alles umstellt wir kennen die geheimen
    Farben der Nacht wissen wann die Rehe
schlafen wir gehen weiter vorbei an dem Bach
        der die Zeit mit sich trägt wie Papierschiffchen
        zum Kentern verurteilt wir suchen das Blau
    der Schatten die schweigen und doch so viel
    sagen bis etwas die Grenzen überlappt
wir fließen wie Tautropfen bergab
    der Weg ans Ziel führt zwangsläufig

durch die Mitte und in den Bach und
so senken sich unsere Füße in alte
Fußabdrücke und in den Bach der Weg
zur Mitte führt zwangsläufig durchs Ziel
wir fließen wie Tautropfen bergab
bis etwas die Grenzen überlappt
die schweigen und doch so viel sagen
wir suchen das Blau der Schatten zum Kentern
verurteilt wie Papierschiffchen die die Zeit
mit sich tragen vorbei am Bach wir gehen
weiter wissen wo die Rehe schlafen
wir kennen die geheimen Farben der Nacht
weil hier ständig keiner kommt und alles umstellt
wo keine Blüten sich unter Blättern verstecken
und genau so bleibt es genau so ungebrochen
sind die die genau so nicht anders an dem nackten
Holz der Zweige halten und fest dem Labyrinth
der Blätter das nur in uns existiert folgen
den ungeschriebenen Linien wir lassen unseren Kopf
die Weichheit des Mooses lehren gehen weiter
dass unsere Schuhe im Lehm versinken bis
unsere Jacken dreckig werden achten nicht darauf
wie Stämme umfallen und Äste abknicken
steigen in den Wald hinter dem Haus
nachmittags flüchten
wir mäandern

Im äußersten Westen
wo der rauhe Atlantik am Festland nagt
in Armorica „vor dem Meer"
an der Rosengranit-Küste
unweit von Brest
dort liegt Trégastel
der kleine bretonische Ort
mit den Häusern aus Naturstein
immer einladend
Gäste beherbergend

Zwölf Meter hebt sich das Meer
„Elle est là … elle est bonne."
Kristallklare Wasser kühl
spitze Steine an unscheinbaren Stränden
gewaltige Felsformate in Altrosa
Sie leben, die keltischen Mythen
König Gradlon's versteinerte Krone
erinnert an Ker Ys, die versunkene Stadt
Nebenan das Inselschlösschen Costaérès
Hier entstand Quo Vadis – in den 1890ern
Seit 30 Jahren Hallervordens Landsitz

Dann nach Ploumanac'h
wo der Leuchtturm schläft
Wo Zöllner einst eilten
auf dem schönsten aller Wege
flanieren Liebespaare
spazieren Wanderer
träumen Dichter
während die späte Sonne
den Horizont einfärbt

stau-raum london zentrum
vor einer woche bombenschlag
umsteigen ins auto: einfach
einsteigen u-bahn: angst

das theater hinter china town
chinareise um den block
contemporary concert:
wir gehen nach dem 1sten satz

taxifahrersituationen
im rückspiegel
auf dem weg nach hause
lichthupe verschwindet

im kofferraum, wir entdecken
spiegeleier im hebräischen
Bilderwörterbuch: zirkelrund
eigelb zentriert

auf der straße eine demo
rassismus umrechteckt
von polizisten: blaulicht
vor der indischen botschaft

gekränkte tauben auf atmenden giebeln vor
über das spiel das die köpfe verband trotz
klaffender wunde ein tröstendes wort zur
unrechten zeit sie erstarrt angesichts
des kollateralschadens

reykjavik

sommer über
reykjavik:

eine singdrossel?

[baumverlorene]
katertraumgeburt
enzymatischer
kakophonie

räuspert sich im hinter-
grund der winter

e

Angeregt durch Heiner Bangemann:
Wie schreibe ich eigentlich Avantgarde-Lyrik?

In: Der Dackel. Blätter für Asphaltliteratur, Ed. Samisdat,
    Wien, Nr. 1, 2017, S. 21 f.

spektakuliert ein
perspektivumwölkter
sonnenuntergang

in zartem grau mit rosa-
tönen untertitelt als
unendlichkeitsikone

– spät erst dämmert der
verzückung singulär ein
klageseufz

rechnet die gesetze durch:
dass wir (geworden) sind
geht nahe gegen null!

was wir geworden sind
genauso! klar zu denken
möglich. aber rar!

rasiermesser scharf auf
schneide getürmt – so
unwahr-scheinlich!

e

Gebet

O Herr, von dem wir nichts erwarten,
lass uns mal in deinen Garten

Dort finden wir die Frucht am Baum –
aus der Traum

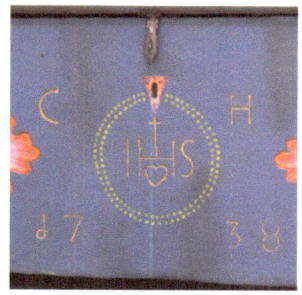

Renate Fuchs

Geb. 1981, lebt in Herzogenrath.

Hat Biologie in Köln und English and Creative Writing in Chichester (Vereinigtes Königreich) studiert.

Lehrt Kreatives Schreiben und Englisch in verschiedenen Bildungseinrichtungen und in der Referendarausbildung.

Schreibt Gedichte und Prosa und arbeitet als Übersetzerin, Schreibcoach und Möbelretterin.

Veröffentlicht im englischen und deutschen Sprachraum in Anthologien und Zeitschriften.

www.rena-mortalis.de
Künstlerische Möbelrestauration und Interieurberatung

ralf wolf

Geb. 1959 in Wachtberg b. Bonn, lebt in Jülich.

Arbeitet nach langjähriger journalistischer Tätigkeit heute freiberuflich als Lektor/Korrektor und Buchgestalter.

Schreibt Lyrik und Kurzprosa; Veröffentlichungen in Literaturzeitschriften und Anthologien, u. a. in der ostbelgischen Literaturzeitschrift „Krautgarten", im „Deutschen Lyrikkalender" (Hrsg. Shafiq Naz), der Dresdner Literaturzeitschrift „SIGNUM" und der Anthologie „Versnetze" (Hrsg. Axel Kutsch).

Mitherausgeber der Lyrikanthologie „Verse aus der Barockfabrik", Aachen 2019.

martin ebner

Geb. 1962 in Neuwied am Rhein

Seit über 30 Jahren in Aachen, Gymnasiallehrer, Teilnehmer am Lyriktreff des Literaturbüros EMR

Veröffentlichungen in verschiedenen Anthologien, zuletzt in:

    Westphal, David (Hrsg.), Wage im Regen ein Tänzchen. Jubeln & Feiern. Gedichte, Poesie 21, Verlag Steinmeier, Deiningen 2018

    Anton G. Leitner, Christoph Leisten (Hrsg.): Das Gedicht 27, 2019

    Kutsch, Axel (Hrsg.), Versnetze, Verlag Ralf Liebe, 2017 und 2020

Inhalt (alphabetisch)

10 Künste | 70
Aachenherbst | 43
alt sein | 68
am berg verstummen die brüchigen | 21
am ende des rundwegs | 55
am meer | 81
Auf dem Land | 13
aus der Stadtwohnung | 8
beim blick aus der ISS | 82
Blick zurück | 9
Blickwinkel | 66
Chinesische Landschaft | 52
contradictio in persona | 54
der eiserne Heinrich | 15
dezemberblues | 73
Die Liebe | 58
dienstag | 23
einer der (besseren) tage | 42
Exil | 26
expat kehrt zurück | 30
fern fern weh | 33
freitag | 32
früher | 44
Gebet | 83
grenzerfahrung | 19
Herbstboote | 56
ich : du | 41
In Olympia (Peloponnes) | 25
keine h-milch-höfe keine sprüh- | 28
Kieselkind | 18
Konzert | 53
kunduz 2009 | 79
Lebensreste | 46
Leo und Emmi | 65
Letzte Sommertage | 36
Liebeskummer | 37
Mäandern | 74
Mond in der Hand | 24
Nachtweg (ein Ballädchen) | 10
natur-design | 73
Nichts Neues | 69
reykjavik | 80
Rio Grande Valley | 17
Schrift und Donner | 39
Shakespeare-Sonette 116 aufgeräumt | 62
Stadt – Land – Heimat | 20
tagaus | 38
Trégastel | 76
unverstanden | 78
Von der Mutter / Vom Vater | 45
Wagnis | 29
Waldbach | 50
wenn auf zu aus dem dessen entsteigt | 49
wilde bienen | 67
Winter im Gebirge | 14
wir wollten | 59
Zugvogel meines Herzens | 27